AF485861

La vida en trazos 2

La vida en trazos 2

Aniel J. L. Brambila

ENEGE

Prohibida la reproducción, parcial o total, de:

La vida en trazos 2

Sin permiso por escrito del titular de los derechos.

Derechos reservados conforme a la ley.

© 2022. D.R. By Aniel Jessica Leticia Brambila Tapia.
© D.R. 2022, Primera edición: Grupo Editorial Enegé, S.A. de C.V.

*El diseño y formato de la obra en su conjunto
son propiedad exclusiva de la editorial.*
Impreso en Guadalajara, Jalisco, México.
Printed and bounded in Guadalajara, Jalisco, México.

No se permite la reproducción total o parcial de este libro, ni su incorporación a un sistema informático, ni su transmisión en cualquier forma o por cualquier medio, sea éste electrónico, mecánico, por fotocopia, por grabación u otros métodos, sin el permiso previo y por escrito del titular de la obra. La infracción de los derechos mencionados puede ser constitutiva de delito contra la propiedad intelectual.

"A la poesía, que transforma tu vida, enciende el fuego, transporta al viento y detiene al tiempo".

La estrella

Es una estrella muy brillante, única en su tipo;
es la más grande de la noche.
Aparece sola en su pequeño espacio celeste,
alejada de las grandes y lejanas constelaciones,
acompañada en ocasiones solo por la luna.

Aparece en momentos inesperados,
en momentos mágicos e inspiradores.
Acompaña mis pensamientos y dirige mis decisiones.

Parece inalcanzable, pero a la vez cercana, ajena
                                        [pero familiar.

Pareciera conocer mis más profundos secretos,
mis más deseados anhelos;
y en su tan misteriosa pero innegable sabiduría,
siempre me muestra el camino que me dirige a mi
                                        [más alto destino.

A ti, querida estrella de mi vida,
en mi humilde pequeñez,
te agradezco tus consejos, tu presencia, tu existencia;
te agradezco tu luz y la dirección que le das a mi vida;
agradezco tu amor y tu infinita sabiduría;
pero, sobre todo, agradezco tu eterna compañía
en la inmensidad de mi existencia.

A la poesía

En tu continuo cantar,
el alma de la gente sueles inspirar;
y, aunque no a todos tocas por igual,
diversos instantes consigues transformar.

Te le dedicas a la vida, al amor, a lo eterno y a lo
                                    [efímero,
a lo importante y a lo insignificante;
variando su percepción con su usual descripción
y con ello modificando su antigua connotación.

En la boca de todos pasas
a lo largo de sus vidas,
creando momentos mágicos
en las noches y los días.

Aunque sin proponérselo te llaman
aquellos en quienes confías,
tu presencia nunca pasa
a la audiencia inadvertida.

Parecieras tan sencilla
a los oídos que te escuchan
que tu compleja estructura
les suena a impostura.

Mas cuando aquellos intentan
hacerte con premura,
pocas veces logran
tu tan perfecta hechura.

Si apareces impecable
en el momento preciso,
detienes el aliento
sin mayor permiso;

haciendo que admiren
los labios que te pronuncian y
creyendo que en el futuro
tu presencia anuncian.

Aunque las vidas de todos tocas,
tienes tus preferidos
que llevan tu mensaje
en momentos escogidos
y transforman la experiencia
de aquellos favorecidos.

Qué bello es tu sonido
y qué arte tu escritura
que cual una escultura
deleita nuestros sentidos.

Al amor romántico

Aquel bálsamo en la vida llamado amor,
que todos conocemos en dichosos e intermitentes
[instantes;
como si de una potente droga se tratara,
inevitable, irremplazable, irremediable
y de la rutina diaria nos sacara.

Pero cada quien lo entiende a su manera
y sacándole el provecho que convenga,
lo que hace que a la gente pareciera
tan variable que no siempre les convenza.

Mas no todos pueden resistirse
a aquella sensación tan placentera,
siendo más sencillo zambullirse
y después arrepentirse si quisieran.

Y aunque a veces acaban en tragedia,
en muchas ocasiones sí florecen
y a lo largo de la vida permanecen
evitando los problemas con comedia.

Querido amor,
sin tu ayuda, qué sería de nuestra vida,
con constantes amarguras y dolores;
siendo tu presencia una alegría
que mejora los frecuentes sinsabores.

Al ADN

Aquella estructura en forma de espiral
que se encuentra intrincada en cada una de nuestras
                                        [fibras.
Pareciera un remolino que arrastra nuestros
                              [aprendizajes,
nuestros talentos y nuestras alegrías,
nuestros intentos y nuestras victorias;

siendo llevados sin ningún remedio
desde el pasado hacia el futuro,
desde los ancestros hasta los descendientes,
desde el potencial hasta el culminar.

Como si de un enorme e incomprensible libro de vida
                              [se tratara
donde se encuentran codificados
hasta los más ínfimos detalles que nos definen,
desde nuestras expresiones más sofisticadas
hasta los más simples gestos,
desde los gustos esporádicos
hasta las constantes elecciones y tropiezos.

Una compleja molécula giratoria,
en la que, como en un escenario movedizo,
vemos pasar cada una de nuestras memorias.

Las más felices y las más difíciles,
las más tranquilas y las más intensas
y nuestros más deseados anhelos:
los accesibles y los que parecen inalcanzables;

dejando su inconfundible marca delatora
que modifica la estructura
a su mismo ritmo,
a su mismo tiempo
y a su misma historia.

Qué estructura tan compleja y tan pequeña,
tan necesariamente pequeña
para existir en nuestras más elementales partículas
y dirigir desde su diminuto escondite
nuestra extraordinaria película.

¡Quién fuera tú!, querido director de orquesta
que ve todo a la distancia.

A la distancia en espacio y en tiempo,
distancia indispensable
que te hace comprender
nuestra íntima esencia,
nuestra particular existencia.

¿Cuándo descubriremos tus secretos?
o ¿cuándo ellos se descubrirán a sí mismos?
Para poder así salir de tus incesantes fuerzas
                                        [helicoidales

que nos suben y bajan
en frecuentes y dolorosos golpes mortales,
y poder finalmente residir
en la feliz calma que nos brinda
el libre control de nuestra vida.

A los valores

Los actos de cada día aconsejan
cuando de pequeños los conocemos,
siempre que su gran valor apreciemos
y limpian los males que nos aquejan.

La honradez y bondad los encabezan,
la valentía y el esfuerzo le siguen,
a la lealtad seguido la persiguen
que, con la justicia, nos enderezan.

La igualdad y la paz nos aproximan,
la templanza y la compasión exigen,
pero si el respeto y el amor nos rigen,
junto a la tolerancia, nos subliman.

La perseverancia lejos nos lleva
que con la prudencia nos perfecciona
y si la diligencia se adiciona,
cualquier posible conflicto releva.

A la generosidad se le admira,
a la sabiduría se respeta
y, aunque a veces se sienta que aprieta,
solo con la disciplina se inspira.

Con la paciencia todo se gestiona
y la motivación la complementa
y si el optimismo los alimenta,
todo éxito infalible promociona.

La autoestima y dignidad dirigen
con mucha felicidad nuestra vida
y, si los otros valores se anida,
nuestro ideal destino nos erigen.

A las piedras

Dentro del resplandor de sus cristales,
la amatista almacena sus tesoros
que, con color, trasmina entre sus poros
y limpian al entorno de los males.

Con mezclas de colores sin iguales,
el ágata se descubre entre asombros
con capas que formaron los escombros
y acercan a las almas a sus griales.

Entre brillos aparece la obsidiana,
al fondo del subsuelo de los sabios
y dice cuchicheante entre labios
que sea la arrogancia la profana.

Con sus verdes tan variados se ufana
de cuidar y equilibrar fácilmente
el cuerpo, el espíritu y también la mente;
la malaquita con belleza sana.

Y vemos la turquesa tan flamante
entre azules perfectos agrietados,
con la suerte que trae a sus costados
parece la mejor acompañante.

Con blancura homogénea y radiante,
encontramos la perla, la elegante
inspira la ilusión más delirante
y sirve de bello tranquilizante.

En vivos colores tornasolados,
el ópalo difunde la grandeza
del alma que la porta y su destreza
y deja a los artistas deslumbrados.

Con transparente pureza refleja,
el cuarzo tus deseos concentrados,
y en bellos cristales adosados
el camino hacia ellos te despeja.

Entre dorados admirables crece
la pirita, en profundos yacimientos;
a la riqueza trae entre los vientos
ya que al oro tan preciado se parece.

En el tropical océano florece
el coral vivo formando una rama;
la salud y vitalidad derrama
a quien, con gracia, en su cuello lo mece.

No olvidemos al más fuerte, el diamante,
el rey de los hermanos minerales,
nos protege con dones naturales
en potente resplandor circundante.

Y continúa la fila interminable
de piedras, gemas y otras formaciones,
nos enseñan las más grandes lecciones
de manera tan sensible y amigable.

|23|

La ventana

Veo a través de la ventana
la luz que ilumina la mañana
y veo mi futuro que me llama.

Tengo ideas brillantes
y veo apariciones intrigantes
y entiendo que la vida se entrelaza
a través de una sencilla ventana.

De eventos, sentimientos y personas
se componen sus variadas formas
y, aunque no comprendo sus razones,
veo que me llaman a misiones.

Veo entre las nubes y los cielos
aquello que se oculta entre los velos
y siento que la vida me invita
a seguirla donde nada me limita.

Y entiendo que la vida se entrelaza
a través de una sencilla ventana.

De noche la iluminan las estrellas
y veo direcciones entre ellas,
a veces con recuerdos agradables
o visiones de distintas dimensiones,

de posibles realidades paralelas
y de seres que parecen familiares
que aconsejan mis mejores decisiones
y festejan mis más grandes acciones.

Y entiendo que la vida se entrelaza
a través de una sencilla ventana.

A la historia

Años de evolución en una gran sinfonía,
pirámides, vestigios y extrañas construcciones
de las que no atisbamos sus ocultas razones,
sus muchos misterios conocer desearía.

Escribe los pasos de la antigua humanidad
en láminas de bronce y con cinceles de hierro;
a algunas de sus crónicas con pasión me aferro
y su gran sabiduría aumenta con la edad.

Conoce los primeros seres sobre la tierra,
dinosaurios, centauros y viejos humanos
de los que grandes leyendas en cuevas encierra;

de atlantes, de egipcios y de lejanos hermanos;
de excelsas hazañas, de honores, de paz y guerra,
las guarda serena en montes y sabios ancianos.

Pandemia

Y aunque nadie la esperaba
desde el oriente atacó,
mucha gente pronto murió,
solo a niños respetaba.

Era un virus que mutó
de esos que no hacían daño,
todo quedaba en antaño,
la vida nos trastocó.

No había cura ni vacuna
y entre ancianos escogía
muchas víctimas, y parecía
conformarse con ninguna.

Preguntaban de dónde salió,
¿sería un castigo divino?,
¿y si sola ella vino?
o ¿es que alguien la llamó?

Tal vez la humanidad pedía
entre llantos su llegada,
pues no encontraba ya nada
que aumentara su alegría.

¿Y cómo esta peste podía
hacer una vida más digna?,
si parecía tan maligna
cuando la gente moría.

Pero era justo en la muerte
que encontraba su valía,
la genta ahora veía
lo que la mente convierte;

que, aunque quería convencerse
de que todo estaba afuera,
inició una nueva era
de aprender a conocerse,

y poder comprometerse
con lo que valía la pena,
ya no había causa ajena
que pudiera disolverse.

¡Qué pandemia tan extraña
la que nos vino a pasar!,
pues también podía atacar
lo que tanto nos engaña.

Sueños de futuro

Con el tiempo encontraré mi nombre
en libros, periódicos y en internet;
será mucho más sano mi buffet
y publicaré en revistas de renombre.

Con el tiempo autografiaré un libro,
sonreiré para fotos con extraños,
festejaré en la playa mis cumpleaños,
sabré con qué acciones me equilibro.

Con el tiempo daré conferencias
en universidades extranjeras,
las penas serán más pasajeras
y habrá quien me haga diligencias.

Con el tiempo seré más firme cuando hable,
veré con seguridad a los ojos,
serán mucho menores los sonrojos,
seré con mis defectos más amable.

Con el tiempo descansaré sin culpa,
disfrutaré del viento nocturno,
les dejaré a estudiantes mi turno,
diré menos seguido una disculpa.

Con el tiempo viajaré por el mundo,
conoceré a personas importantes,
disfrutaré la vida más que antes,
habré logrado un éxito rotundo.

Con el tiempo veré paciente la luna,
sonreiré con frecuencia ante el espejo
y veré más sabia en el reflejo
que siempre tuve una fortuna.

A la noche

Cual reflejo impostergable del día,
bañada en penumbras te presentas
y puntual inicias tu encomienda
que termina forzosa con la aurora.

En reflejos y luces se lee tu nombre
con la luna por testigo asegurado
que entre nubes se esconde y reaparece.

¿Cuántas pláticas de bar has escuchado?
en las horas incontables de los hombres
de bullicio interminable en las ciudades;

mas la calma silenciosa de los valles
solo a veces la interrumpen animales
y lejanos aullidos de los lobos.

En hogares te aprovechan los lectores
y algunos escritores inspirados
y de sueño derrumbas a las masas.

Son tus horas al que espera un martirio
y al cansado y marginado un prodigio
para el resto de mortales solo eres.

En el borde claro de los días
un final y un principio delimitas
y el conteo ya gastado recomienza
y aparenta que de ceros inicia.

|34|

Con los grillos que te arrullan sin pedirlo
y los gallos que anuncian tu partida,
solo el hombre te moldea a su manera
aunque en ello su descanso invierta.

A la paz

Aquel estado de tranquilidad y calma,
absoluta plenitud de los sentidos
que descansan en el equilibrio de la conciencia serena.

Estado deseado del alma,
del espíritu humano afectado por la guerra,
el ruido y los constantes sobresaltos de la vida
mundana.

En esa paz deseamos existir permanentemente,
esa paz anhelada, buscada por todo ser viviente
que habita la tierra, el cosmos y sus infinitas moradas.

Pequeños instantes nos son obsequiados por ella
que solo regresa cuando la invitamos
con nuestro recuerdo constante y amable
con nuestro comportamiento amigable.

Nada se compara con su sensación placentera,
solo la plena seguridad de estar en casa
y exento de cualquier peligro ajeno e interno
y la felicidad de saberse poderoso y eterno.

¿Dónde te encuentro, querida paz?
Si no es en mí misma,
en esos momentos mágicos e inesperados que me

[regalas a diario.
Los momentos en que solo me limito a existir y ser
sin tener que responder a mayor desafío.

Eres tan necesaria como la vida,
el tiempo, la salud y la felicidad,
pues sin ti ninguno de ellos podría existir
o ser apreciado.

Pero a diferencia de estas,
a ti podemos tenerte siempre
porque caminas junto a la existencia
como su hermana gemela e inseparable
y en ese apacible estado residimos
cuando somos conscientes solo de ti.

Cuántas guerras sufrimos en tu ausencia,
más interna que externa;
guerras mortales y también personales,
todas ellas igual de dañinas.

En la vida, solo algunos gozan de tu compañía
constante,
quienes te expresan en sus rostros afables y miradas
[profundas,
en su lenguaje callado y comportamiento ligero;
aquellos que reflejan una sabiduría perenne,
una conciencia madura, un agradecimiento sincero.

Son ellos los verdaderos maestros de la vida
que recorren el sendero escondido
de miradas curiosas e infantiles,
sendero que los lleva a las más íntimas entrañas de la
[existencia,
a los ocultos secretos del universo.
Esos que solo pueden ser revelados en tu presencia
honorable.

Al silencio

En el silencio rezamos,
en el silencio viajamos,
en el silencio descansamos,
en el silencio conectamos
con algo más grande, más importante, más eterno, más
sincero.

¿Cuánto silencio se necesita para callar tantas palabras
                                        [de ira?
Para calmar nuestros corazones incesantemente
                                        [afectados
por el ruido que se encaja en nuestras almas como
agujas afiladas.

En el silencio escuchamos la música del cosmos,
la canción de nuestra alma,
el susurro de las ideas
y el palpitar de las emociones.

La melodía más bella se escucha en el silencio,
ese silencio tan escaso,
tan necesario, tan nuestro, tan sagrado.

En el silencio surge la magia sagrada
de las notas musicales no tocadas,
del sentimiento exento de la mirada ajena,

del pensamiento limpio de cualquier pena.

En el silencio existen nuestras raíces,
todas cercanas de aquellos ríos
de tramas hechas con los matices
de cada uno de nuestros bríos.

Sin el silencio muere cada palabra
que no se entiende sin su callada escucha
que no se vive sin su sentida lucha
que no se admira si no se alaba.

Sin ti silencio qué más me queda
que el fiero trueno de tantas guerras,
sin paz terrena, sin paz eterna,
en duelo hiriente y en vana espera.

Tu voz serena tan llana y queda
lento nos lleva y sin resistencia
a los misterios que no se entierran
nunca en presencia de tu paciencia.

Por ti silencio mi alma espera
a abrir el cofre de mis tesoros,
lejanos siempre del vano oro,
fieles a sueños que ella anhela.

Cuánto silencio dejé en mi vida,
sin él sentía que me moría
que no veía el amplio cielo
que existe lejos de tanto miedo.

¡Querido silencio!
Cuántos momentos de paz, de conocimiento y
felicidad me has obsequiado,
solo en ti encuentro mi esencia
y recuerdo el propósito de mi extraordinaria
[existencia.

Al maestro

De todas las suertes que he tenido
y de tantas personas conocido,
aparece esa figura humildemente
que su credo conmigo ha compartido,
a quien tanto debo en lo vivido
y que llaman maestro simplemente.

¿Cuántos pasos a su lado he transitado?
¿Cuántas tierras de su mano conquistado?
Con su gracia ungida me he sentido
y, aunque ahora sirvo al cielo y al estado,
llevo su recuerdo ensimismado
y en su causa sin saber me he convertido.

En ellos tengo mi motor y mi condena
que a la búsqueda insaciable me encadena
y al orgullo y a la ignorancia enfrenta;
y, aunque ya sean en mi mente una docena,
cual poema su enseñanza siempre suena
y a vencer grandes obstáculos me alienta.

A la ciencia

La verdad descifras a diario
que dices en cortos escritos
de temas que son infinitos
y tu avance se ve precario.

Colocas ladrillos seguros
para erigir torres de altura
y así poder ver la llanura
y lo que está atrás de los muros.

Compruebas ideas e historias,
aquellas de antaño y recientes
que dicen cultos e indigentes
y exaltas a las meritorias.

Nos llevas a tierra más firme
donde hay horizontes distintos,
donde hay animales extintos
y ríos en que sumergirme.

Vas a la estrella que guía
a la verdad que es la meta,
la que a la humanidad reta
a que use su sabiduría.

A las flores

Los felices y vivos crisantemos
con sus pétalos suaves como seda
que si aparecen en cualquier vereda
nos inspiran sentimientos supremos.

En elegantes jardines existen
en conjunto los únicos rosales
que en racimos regalan a caudales
los adornos que a la vida revisten.

Vemos con cautela a las orquídeas
con su porte tan erguido y elegante,
conquistan con su forma relajante
y por hechos canjean las ideas.

Algunos se deleitan entre ellas,
las blancas y amarillas margaritas,
de pureza y alegría son varitas
y a veces las deshojan las doncellas.

Los grandes y amarillos girasoles
que persiguen al sol en sus jornadas,
pertenecen al mundo de las hadas
y de los campos son bellos faroles.

Con constancia las petunias florecen
al semejar sombrillas transparentes,
con sus tonos alegres divergentes
a las almas más duras estremecen.

Entre los más brillantes, los anturios,
enaltecen sus flores acunadas
que entre verdes hojas concentradas
nos desean sus mejores augurios.

Los únicos y hermosos tulipanes
a los campos y macetas colorean,
ante los exigentes alardean
y así nos atraen con ademanes.

Cual dulces gigantes las gerberas,
con sus grandes pétalos de colores,
se encuentran entre las más bellas flores
que a veces no parecen de a de veras.

Pensamientos

Vuelan como palomas alrededor de una iglesia;
a veces logro detener una, contemplarla, asirla,
disfruto su belleza un instante
y vuelve a retomar el vuelo,
espero recordarla con detalle:
sus ojos, el brillo y color de su plumaje,
sus perfectos movimientos,
los sonidos que producen sus alas y garganta.

Capto en el vuelo a otra que extiende sus alas
                                                    [sobre mi cabeza;
esta es distinta,
trato de grabar su imagen en papel para poder
                                                    [recordarla,
deteniendo el tiempo con tinta y volver a vivirlo al
                                                    [leerlo,
 se aleja.

Llegan, engrandecen mi día y retoman el vuelo.
Allá va otra;
esta es más grande y blanca, es perfecta,
¡oh no!, me distraigo con otras tantas y la pierdo,
se va,
no sé a dónde y me cuesta trabajo recordarla.

¿Habrá volado para parar en alguien más?

¿Alguien que aprecia su esencia de una forma
                                    [profunda?
¿Alguien que tal vez la llamó con el pensamiento, uno
más fuerte y sincero que el mío?

Ahora vuelan juntas,
se unen entre ellas formando una flecha,
después un círculo, tal vez un corazón,
el tiempo se detiene y mi mente ahora entiende
y digo "Claro",
aun así, me pregunto si lo he entendido todo.

Se dispersan y vuelan al unísono al cielo,
desaparecen de mi vista,
tal vez otros las aborden en su vuelo y reciban sus
                                    [mensajes,
o solo una parte de ellos.

Volver

No es lo mismo caminar por primera vez que volver a
pisar tus huellas.

Ver de nuevo el cielo que presenció años de tu pasado;
detenerte a contemplar las piedras y baldosas
que guardaron tu esencia por años.

Eran iguales, parecía haber estado ahí ayer,
vi recuerdos difíciles y otros tantos alegres.

Eran diferentes ahora,
aunque las impresiones parecían congeladas por el
paso del tiempo
que petrificó todo y lo dejó impecable.

Pero yo era otra,
era difícil imaginar cómo había tantos recuerdos en tan
poco espacio;
no sabía si eran de ayer, de hace diez o veinte años,
de una vida pasada
o de un sueño que poco recuerdo.

Un mosaico de sensaciones me invadía,
las imágenes se mezclaban
y un dejo de añoranza tocaba mi alma.

Momentos difíciles sin duda había vivido en aquellas

[paredes,

cuando me preocupaba tanto mi presente
y vivía temerosa del futuro
y desde ese futuro regreso a aquel presente
guardándolo en mi ahora.

Ahora,
eso era lo que importaba,
cómo vivía esos recuerdos ahora
y cómo vivía mi vida ahora.

La vida parece distinta cuando se ve al pasado
con mayor madurez,
con esa sabiduría que solo da el paso de los años;
al haber recorrido infinidad de paisajes,
haber estado en la cima de las montañas
y en lo profundo de las barrancas,
sobre todo, las indescriptiblemente profundas.

Algún día me dijeron que cuando morimos volvemos a
recorrer nuestros pasos,
hoy, sin duda, adelanté parte de ese recorrido
que me llevó de nuevo a mis raíces
y me devolvió imágenes de otros tiempos.

Al mar

Mar apacible azul verde,
mar profundo y transparente,
mar que respira y que siente,
mar que devora y que muerde.

Te veo en recuerdos lejanos
de algún evento imponente,
impávido, suave y presente,
playa de tantos veranos.

Brillas perfecto bajo el sol,
tan tibio y de espuma blanca.
Agua que nunca se estanca,
me trae una estrella y un caracol.

Te veo en el sueño esperado,
pisar tus blancas arenas,
oírte en noches serenas,
vivir por siempre a tu lado.

Mar que me ayuda a pensar
con sus constantes oleajes
de intensos, sabios mensajes,
mar que me inspira a triunfar.

Recuerdos de ti muy pocos,
deseos de volver a verte,
tocar la arena y olerte,
comer cocteles y cocos.

|54|

El himno

En este cielo tan suave
que a veces cambia de tono
la propia canción entono
sin que parezca tan grave.

Un himno que desentona
entre expectantes miradas
de tantas tristes moradas
y un nuevo tono detona.

¿Qué es eso que me apasiona
y me lleva a la cordura
de entre la mucha locura
que a los demás aprisiona?

¿Será un gen o una epidemia,
una llave o raros lentes,
son otras más sabias mentes
o es el mal de la academia?

Y sin ser yo tan bohemia
mas una rebelde, lo sé,
otra época comencé
cuyo futuro me premia.

Independencia

El limpio aire de libertad
de aquellas tierras lejanas
con sus cerros y calles empinadas
me invitaba a la sobriedad,

a la meditación relajada,
al análisis de la vida,
la respiración fluía
y la mente se despejaba.

Había lluvias constantes
con un exótico y vívido follaje,
con sus mariposas errantes
de un blanco impoluto
y aquel árbol de flores rosas.

La soledad tan temida
me pareciera amigable,
otra paz conocía
de una vida distinta.

La fresca brisa de la mañana
y los imponentes atardeceres
me regalaban mi libertad
y la felicidad que escondía.

El sonido de las albercas los domingos,
el murmullo de los visitantes, las risas de los niños,
la fuente del jardín, la música ocasional
y el canto matutino de las aves,
me alegraban los días, me hacían sentir libre,
me hacían sentir yo;
por fin encontraba mi lugar en el universo.

El implacable destino
en inmejorables circunstancias
me reflejaba mi esencia
y me daba mi independencia.

El último día

Si hoy fuera mi último día
seguiría escribiendo este poema,
dejaría pendientes,
diría lo que siento por última vez,
repartiría mis bienes,
consolaría a mis seres queridos,
me prepararía para dejar ir
y para partir
y con lágrimas en los ojos
agradecería mi vida.

Si hoy no lo fuera,
continuaría este poema,
arreglaría mis pendientes,
diría lo que siento a mis seres queridos,
repartiría lo que ya no necesito,
continuaría disfrutando de la vida,
tal vez un poco más que ayer,
un poco más que hace un rato incluso.

Agradecería mi vida,
dejaría ir lo que me estorba
y me prepararía para continuar de una mejor manera,
con mayor libertad,
hasta que llegue el día en que deba partir
y sin tantas lágrimas
tenga más que agradecer.

A mis sombras

A mis sombras, mis defectos, mis batallas, mis
[intentos.
Qué les puedo dedicar pues sin ustedes dónde estaría,
allá rezagada en la larga carrera de la vida,
ya que cada día significa una batalla ganada
o una oportunidad perdida
y con su ayuda tengo ya muchas batallas recorridas.

Desde que mis ojos se asoman a los rayos de cada
[mañana,
mi lucha comienza a su lado, bajo su conocida mirada,
su mirada estricta, su mirada amorosa,
su mirada paciente, su mirada piadosa.

Y aunque a veces parecen una tortura, una locura
en esta impredecible andadura llamada vida,
realmente quién conoce sus raíces y motivos
pues al llegar a la meta son las incuestionables
[heroínas
vistas a la distancia por el sabio que supo recorrer el
[camino
y aprovechar su presencia para llegar a su destino.

En sus extrañas enseñanzas
parecieran ensañarse con aquellos que las albergan
y de su existencia se quejan,
y compadecerse de quienes las acogen
como sus incondicionales compañeras viajeras.

¿Qué puedo decirles mis queridas sombras?
solo darles mis gracias sinceras,
y que, aunque de su presencia me queje,
no deseo que me dejen
hasta que entienda el mensaje que vinieron a darme
y pueda mi aprendizaje a cambio regalarles.

Hoy

Cientos y miles de años han pasado para llegar al día
de hoy,
cientos y miles de experiencias me han sucedido para
saber lo que sé hoy,
cientos y miles de personas han coincidido para
conocer a quien conozco hoy,
y cientos y miles de decisiones he tomado para estar
donde estoy hoy.

Y quien se hubiera imaginado que...

Todos esos años,
todas esas experiencias,
todas esas personas
y todas esas decisiones, me han llevado a ser lo que
soy hoy.

Y si veo hacia delante, hay todavía un camino que
continúa y pienso:

¿Qué sabré?,
¿A quién conoceré?
¿Dónde estaré y quién seré cuando llegue al final de
                                        [ese camino?

Y es posible que otro camino continúe y otro y otro
[más,

en una fila sucesiva de un interminable recorrido
que me lleva a lo desconocido;

y si es que algún día termina,

espero recordar el día en que apenas vislumbraba su
[presencia
y el inicio de mi paso por la existencia,

espero recordar el día de hoy.

Al doctor Figuera

A las 8 en el checador
se escuchan a diario pasos,
es que viene sin retrasos
el doctor Luis por el corredor.

Que con la bata más blanca
aún que su cabellera
dice "la consulta no espera"
y para el hospital arranca.

Vuela su bata al viento
cual la capa de Superman
y si ve a algún holgazán
le dice "se ve muy lento".

Nadie lo iguala en peso,
siempre a dieta él está
y muy gordos nos verá
ante el más leve tropiezo.

Si la calaca lo alcanza,
la hará reír sin duda
y puede que la huesuda
le proponga una alianza.

Así es el doctor Figuera
jefe de la división
y si pones atención
lo verás dondequiera.

Al talento

La vida de todos tocas sin mayor discriminación,
aunque tu descubrimiento siempre toma tiempo.

Para la mayoría representas un obsequio,
aunque para otros más bien un tormento
pues tu uso indiscriminado carece de fundamento.

Existes desde antes de la historia conocida
inspirando la vida de la gente que te admira.

Te diversificas en categorías y distintas intensidades
estando en ricos y pobres sin diferenciar edades.

Cuando estás en grandes cantidades siempre llamas la
[atención,
aclamando en la población su auténtica vocación.

Aunque siempre te presentas con alguna insinuación,
te haces invisible en ausencia de atención.

Algunos matarían por contar con tu bondad,
mas tu extraño caminar escapa a la voluntad.

Aunque te encuentras en todos, pocos te reconocen
haciendo de tu presencia un auténtico desperdicio
y, aunque saques de quicio a quien intenta

[encontrarte,

quien decide esconderte termina por sepultarte.

Tu presencia inspira, llama, arrastra
y nos dirige a nuestro destino,
siempre que permitamos
que nos muestres el camino.

A la comida

El maíz es la base de sus comidas,
sus muchos colores se ven en pozoles,
tortillas, tamales y también atoles,
chilaquiles con pollo y fruta en bebidas.

Al desayuno, comida, merienda o cena,
se comen a diario variados platillos,
el trigo en las tortas de crujientes bolillos,
ahogadas en salsa que es roja y muy buena.

Aguacate, jitomate, limón y cebolla,
forman juntos el gran guacamole,
se come en totopos, en tacos y en mole,
con pollos asados y frijoles de olla.

Los chiles picantes los hay por montones,
el ancho, el poblano, el guajillo y el verde,
rellenos, con salsa o solo se muerde,
con cilantro y cebolla regalan sazones.

El queso panela, adobera o Oaxaca,
en quesadillas, en tortas o en enchiladas,
fresco o fundido, en enfrijoladas,
en crema o en salsa, con ajo y albahaca.

Y siguen los postres donde entran los flanes,
dulces tamales de fresa o de piña,
gelatina con frutas y uvas de viña
y de muerto no faltan los tradicionales panes.

Terminan con fruta cristalizada,
merengues, cocadas y membrillo en ate,
disuelto y caliente está el chocolate
y culmina el camote, más rico que nada.

Artesanías

Hilos de colores en grandes telares,
mostrando escenas de tiempos toltecas,
animales, pirámides y dioses aztecas,
danzando, luchando o comiendo manjares.

Hay colchas, manteles, caminos y cueros,
tejidos, pintados, mostrando fragmentos,
escenas de vidas escritas en cuentos,
o ruinas famosas que muestran maderos.

Las tazas y platos horneados en barro
con trazos típicos de sus bordados,
con gallos, conejos o glifos tallados
y dioses de templos de aspecto bizarro.

Esculturas y réplicas como las de antes,
de piedra, resina y negra obsidiana,
creaciones actuales de mano artesana,
sucesora de aquellos viejos danzantes.

De cuero se encuentran las bolsas bordadas
con flores y hojas de colores brillantes,
con soles, estrellas y mariposas errantes,
de mano, bolsillo y formas variadas.

Cuadrados y triángulos en tapetes de lana,
alebrijes pintados con chaquira en madera,
vajillas y platos de azul talavera,
muñecas de trapo de china poblana.

De ámbar y plata hay aretes, collares,
pulseras y anillos con piedras preciosas,
hay jade, turquesa, cuarzos blancos y rosas
que forman esferas y bellos pilares.

Agua Azul

Escucho las cascadas de Agua Azul,
mientras percibo su fresca brisa,
esbozo una incipiente sonrisa
y recuerdo la reserva de Calakmul.

Allá hay una gran pirámide maya,
como la de Chichen Itzá en Yucatán
donde vi por primera vez a un tucán
y en un parque a una mantarraya.

Regresa mi mente a esta escena,
viendo el caudal de una cascada,
y observo que a su lado en la arbolada
sus troncos me observan serena.

Subo las escaleras de piedras,
la caída del agua no cesa,
su música continúa en mi cabeza
que se topa con troncos y hiedras.

A la izquierda hay colores vistosos,
veo bolsas, tapetes y ámbar tallado
en corazón, estrellas y observo a un lado
un par de tacos apetitosos.

Sigo subiendo y encuentro más
cascadas, más troncos y más puestos,
aparece una señora con cestos
de panes de nata que amarás.

Allá arriba hay un amplio descanso
y el agua se estanca en albercas
de las que troncos profundos son cercas
y encuentro un perfecto remanso.

San Miguel de Allende

Hay silencio entre adoquines,
de antigua piedra veo un muro,
respiro un aire muy puro
y observo céntricos jardines.

No sé si el tiempo se detuvo
en esta ciudad tan colonial
cuando veo un templo colosal,
me pregunto por quien lo anduvo.

Sigo el camino principal,
piso adoquines multicolores,
lo adornan balcones con flores
y percibo un aroma especial.

Me detengo a desayunar
tamales dulces y atole de fresa,
una delicia de maíz espesa
y regreso, contenta, a mi andar.

Cuánta historia hay construida
en estas casas de altos techos
que habitan callejones estrechos,
algunas a hoteles les dan vida.

¿Quién sería su constructor?
¿Algún general de la independencia?
Aún puedo sentir la presencia
de sus tiempos de esplendor.

Hay servidumbre por doquier,
caballos en el establo,
una señora a quien le hablo,
pero no escucha, es del ayer.

Veo personajes de importancia
que hablan de estrategias de guerra,
en sus caballos levantan la tierra
y reconozco a uno a la distancia.

San Cristóbal de las Casas

Llego a un pueblo pintoresco
hasta la cima de un cerro,
veo puertas de madera y hierro,
un hotel añejo y siento el aire fresco.

Entro a sus baldosas de barro,
veo muebles de antigua madera,
son de otro tiempo, de otra era
cuando el chocolate se servía en jarro.

Salgo a sus calles adoquinadas,
son estrechas y muy vistosas,
venden bebidas, comidas famosas,
hay bolsas y blusas bordadas.

Llego al centro, donde hay un templo
al que palomas lo sobrevuelan,
puestos de artesanías que revelan
su historia que, alegre, contemplo.

Subo escaleras entre colinas
y veo los techos de casas blancas
con tejas cafés, las bordean barrancas
que antes del cielo cubren neblinas.

Los amigos

¿Quién puede llamarse amigo?
Es quien llora tus tristezas
y festeja tus proezas,
quien se encuentra contigo
en comunes circunstancias.

Desde inicios de la infancia
o al llegar a la adultez,
te entretiene en tus estancias
y sostiene en un revés.

Los amigos no se eligen
son regalos del destino
no hace falta tener tino
pues están desde el origen.

Llega solo sin pensarlo,
te sonríe sin pedirlo,
lee tu mente sin decirlo
y te ayuda sin premiarlo.

Cuando creces y mejoras
un amigo está a tu lado,
ese ser tan apreciado
con quien no pasan las horas.

Su paciencia nos conmueve
y su cariño nos convence
de poder ser el que vence,
el que logra y quien se atreve.

Quien posee a un amigo
tiene más que un tesoro,
son pañuelos cuando lloro
y del pan, el mejor trigo.

A los padres

Te dan la vida y te ven nacer,
te enseñan a hablar y también a rezar,
en un tropiezo a volver a empezar
y te esperan con ansias al atardecer.

"Mamá y papá" gritas desde niño,
al hacer la tarea o vencer un temor,
cuando tienes hambre o sientes dolor,
cuando pides consejo, está su cariño.

De día o de noche les das un abrazo,
platicas, convives, compartes ideas,
de ellos aprendes y aunque no los veas
para ti trabajan sin turno ni plazo.

Al verlos te sientes seguro y en casa,
conocen tus gustos, tu forma de ser,
les llena de orgullo el verte crecer,
pero por su afecto el tiempo no pasa.

Te guían por rumbos seguros, felices,
te dejan su turno antes de partir,
te quieren ver pleno en tu diario vivir,
que todos los días tus sueños realices.

Quien tiene a sus padres tiene dos pilares,
que ante una caída le ponen de pie,
le llenan de afecto, de esperanza y fe
y en sus pensamientos y también lugares
a su hijo acompañan, con cuerpo o sin él.

Al conocimiento

¿Qué es saber sin conocer?
Información y vacío
que no siento tan mío
que al lograrlo comprender.

Conocer es simplemente
el tener en la cabeza
la unión que con firmeza
ata al corazón y la mente.

No hay fortuna más dichosa
que yo tenga en más estima
que entender qué al cuerpo anima
y a un capullo lo hace rosa.

Se le encuentra en los escritos
con frecuencia sin rodeos,
en noticias y en videos
o en las frases de eruditos.

No hay poema ni pintura,
ni estrella o algún astro
que imprima en mí tal rastro
que el amor por la cultura.

Travesía

Recuerdo aquella noche con frío
cansada de tanto caminar,
en el vagón intento dormitar,
a Viena voy y llegar ansío.

Todavía veo escenas de Venecia,
sus canales de aguas estancadas
que rodean sus calles intrincadas
desde donde el Rialto se aprecia.

Cuánto habrán visto sus moradas
y escuchado a sus habitantes decir,
historias de otros siglos más el sentir
de los condes y sus amadas.

Llego a un mar sin olas,
la plaza de San Marcos imponente
y el mar que recibe el afluente
de sus canales y góndolas.

Con frío observo, temblando,
a los turistas en los cafés,
a las palomas junto a los pies
y a una gran torre, escrutando.

No sé si es un palacio o una iglesia
parece una catedral antigua
que entre dorados y azules santigua
a quien por dentro la aprecia.

Y un león alado presencia
los restos de San Marcos enterrados
que entre bellos arcos decorados
nos transmite su santa herencia.

Por fin estoy en Viena,
veo mi cuarto de estudiante,
las imágenes de Venecia radiante
se mezclan junto a mi cena.

Perdón

Qué palabra tan corta
para tan magnánima acción
que denota la evolución
de quien a diario la porta.

Perdonar es un regalo
que se le hace a quien más tarde
puede que nos resguarde
de que nos pase algo malo.

Y también es un presente
que se da y se recibe,
pues quien lo siente proscribe
la amargura de su mente.

No hay quien pueda ufanarse
de que no haya recibido
este obsequio inmerecido
o por ello no alegrarse.

Quien perdona se libera
del rencor y la zozobra,
un milagro en todos obra
y el amor triunfante impera.

Oración

Orar es platicar con Dios,
no es pedir milagros o recitar,
es sentir gratitud por presenciar
la compañía de su voz.

Cuando oro me transporto
a un lugar callado y tibio
donde pronto siento alivio
de las cargas que soporto.

Es sentir la compañía
de quien ama lo que hizo
y mejor que algún hechizo
hace que feliz sonría.

Cuando tengo alguna pena
o una gran preocupación
me incorporo a la oración
y su paz toda me llena.

Índice

La vida en trazos 2

terminó de imprimirse en el mes de
marzo de 2022 en los talleres gráficos de
Grupo Editorial Enegé, S.A. de C.V.

Sitio Web: www.grupong.com
Miembro del Colegio Nacional de Editores
Miembro No. 3145 de la Cámara Nacional
de la Industria Editorial Mexicana

Edición especial.
Tiraje limitado.

www.ingramcontent.com/pod-product-compliance
Lightning Source LLC
Chambersburg PA
CBHW071932120726
48001CB00005B/1947